RiRaRutsch-Lesebilderbuch

Margret Rettich

Wo wohnt der Osterhase?

Loewe

Das ist Otti.

Und das ist Nina.

Otti und Nina freuen sich.

Morgen oder übermorgen kommt der 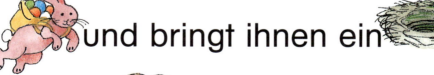 und bringt ihnen ein . mit bunten . Hoffentlich weiß der , wo Otti und Nina wohnen.

Otti und Nina sind nämlich umgezogen. Vielleicht findet der sie nicht. Otti und Nina wollen es dem sagen. Aber wo wohnt der ?

Da ist die Mama von Otti und Nina.

Otti und Nina fragen: „Mama, wo wohnt der ?"

„ wohnen im ",

sagt Mama.

Das ist der Papa von Otti und Nina.

Otti und Nina fragen: „Papa, wo wohnt der 🐰?"

„🐰🐰 leben auf dem 🌾", sagt Papa. „Das stimmt. Aber wo wohnt der 🐰?" rufen Otti und Nina.

Papa und Mama wissen es nicht.

Otti und Nina müssen den 🐰 unbedingt finden. Sie laufen die hinunter. Unten kommt grade ein großer 🐕 vorbei. Otti und Nina fragen: „Sag mal, wo wohnt der 🐰?" Der große 🐕 schüttelt die 👂 und läuft weiter. Auf einer 🗑 hockt eine 🐱. Otti und Nina fragen: „Weißt du, wo der 🐰 wohnt?" Die 🐱 weiß nur, wo 🐭 wohnen.

Da kommt der . Er bringt die ✉️, er weiß genau, wo alle wohnen. Aber der 🚲 weiß auch nicht, wo der 🐰 wohnt. „Dann müssen wir ihn eben suchen", sagt Otti zu Nina.

Überall stehen . Jedes hat eine . Neben jeder sind und . Auf den steht, wer da wohnt.

Otti kann schon ein bißchen lesen.

Jn diesem  wohnt der nicht.

Jn den andern  auch nicht.

Otti und Nina fahren mit der , bis der ruft: „Aussteigen!" Hier hat jedes einen . Jn einem steht ein . Vorne ist ein , und dahinter wackeln zwei . Nina ruft: „Dort sitzt der . Er ist gefangen. Wir müssen ihn befreien!" Otti und Nina wollen das aufmachen. Da kommt eine  aus dem und ruft: „Was macht ihr da?"

Otti und Nina sagen zu der : „Pfui, Sie haben den eingesperrt." Die  lacht und holt aus dem  ein niedliches . Otti und Nina dürfen es streicheln. Aber es ist nicht der .

Otti und Nina suchen weiter. Sie sind schon ein bißchen müde und stolpern manchmal. Nina stolpert fast über ein weißes   , das im   liegt. „Das hat der   gelegt!" ruft Otti. Nina sagt: „Der   legt doch bunte   ." Da kommt ein   . Es hockt sich auf das   und gackert. „Reg dich nicht auf, dummes   ", sagt Otti und läuft mit Nina weiter.

Otti und Nina werden sehr müde, aber sie kehren nicht um. Sie wollen ja den 🐰 finden. Und dann sehen sie was. „Das sind 🐰", flüstert Nina. Sie rennen los und purzeln ins 🌿.

„Au!" schreit Nina. „Au!" schreit Otti.

„Muh", macht es neben ihnen. Otti und Nina haben keine 🐄 gesehen. Es waren die 🐄 von einer 🐄, die im 🌱 gelegen hat. Die 🐄 ist sehr groß.

Otti und Nina laufen schnell weg. Die 🐄 ruft hinter ihnen her: „Muh."

Jetzt sind Otti und Nina im 🌲.

Überall blühen 🌼. Viele 🐦

flitzen herum. Nina sagt: „Hier ist es

schön. Hier wohnt bestimmt der ."

Aus einem springt ein 🐰 und

rennt davon. Otti und Nina rennen

hinterher, so schnell sie können.

Der 🐰 ist schneller. Otti und Nina

erwischen ihn leider nicht.

Otti merkt, daß er ganz allein ist.

Er ruft laut: „Nina, wo bist du?"

Weit weg ruft Nina: „Hier bin ich!"

Endlich haben sich Otti und Nina

wiedergefunden.

Sie sitzen auf einem  und

können nicht weiter. Da sagt Otti:

„Wir finden den nie." Nina sagt:

„Dann findet uns der auch nicht.

Wir kriegen keine bunten ."

Durch den 🌲 kommt ein 🎣 auf einem 🚲. Hinter ihm her läuft ein 🐕. „Was macht ihr denn hier?" fragt der 🎣. „Wir suchen den 🐰", sagen Otti und Nina. Der 🎣 sagt: „Einen 🐇 suche ich auch. Meine 👩‍🍳 will ihn nämlich in den 🔥 schieben und braten." Sofort rufen Otti und Nina: „Bitte nicht den 🐰!" Der 🎣 lacht und sagt: „Den nicht.

Der setzt Otti vorne und Nina hinten auf sein . Bald sind sie dort, wo der wohnt. Seine steht vor der und fragt: „Wen bringst du denn da?" Der sagt, daß Otti und Nina den suchen.

Die fragt: „Seid ihr etwa daheim weggelaufen?" Und Otti und Nina nicken. Der geht ans und ruft Papa und Mama an. Sie sind sehr aufgeregt, aber nun ist ja alles gut.

Otti und Nina bekommen

und . Dann sind sie so müde,

daß sie einschlafen. Draußen fahren

Papa und Mama vor. Papa trägt

Otti und Mama trägt Nina ins .

Der 🧔 und die 👩 stehen vor der 🚪 und winken. Der 🐕 läuft hinter dem 🚗 her und bellt. Aber das merken Otti und Nina alles nicht.

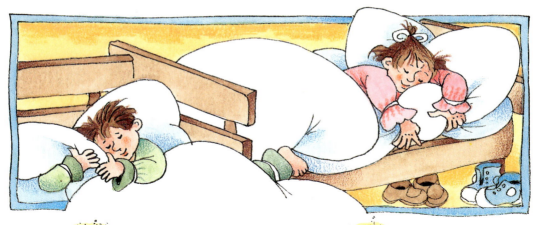

Die 🌞 geht unter, die 🌞 geht auf.

Otti und Nina schlafen immer noch.

Aber da ruft Mama: „Aufwachen!

Der 🐰 war da!" „Hat er uns denn

gefunden?" fragt Otti. „Wir sind doch

umgezogen", sagt Nina. „Das haben

wir ihm längst gesagt", meint Papa.

Unter dem 🛏 liegen lauter bunte 🥚. Neben dem 🗄 findet Otti ein riesengroßes 🥚. Nina findet so ein großes 🥚 hinter der . „Der 🐰 war aber sehr fleißig", rufen Otti und Nina. Mama und Papa lachen.

 Der Osterhase Brief

 Nest  Katze und Maus

 Ostereier Haus

 Wald Haustür

 Feld Klingel und Schild

 Treppe  Straßenbahn

 Hund  Schaffner

 Ohren  Garten

 Mülltonne Förster

 Postbote  Gitter

Stall

 Frau und Mann  Hase

 Kaninchen  Fahrrad

 Ei  Baumstamm

 Gras   Herd

 Huhn   Telefon

 Hörner  Auto

 Kuh  Milch und Brot

 Blumen  Sonne

 Vogel  Bett

 Busch Schrank

Die Deutsche Bibliothek – CJP-Einheitsaufnahme

Rettich, Margret:
Wo wohnt der Osterhase? / Margret Rettich.
3. Aufl. – Bindlach: Loewe, 1995
(RiRaRutsch-Lesebilderbuch)
JSBN 3-7855-2601-6

JSBN 3-7855-2601-6 – 3. Auflage 1995
© 1993 by Loewes Verlag, Bindlach
Umschlagzeichnung: Margret Rettich
Umschlaggestaltung: Creativ GmbH Kolb, Leutenbach
Satz: Teamsatz & Litho GmbH, Neudrossenfeld
Gesamtherstellung: Offizin Andersen
Nexö GmbH, Leipzig
Printed in Germany

Lesenlernen macht Spaß mit …

Besuch für Tom und Mia

Vom Huhn, das so allein war

Jule kommt zur Schule

Der Hut ist für den Kopf

Der kleine Hase sucht einen Freund

Molli kann zaubern

Ein Auto auf der Wiese

Fünf Kätzchen im Korb

Ein Kuchen für Tom und Mia

Wo bleibt der Weihnachtsmann?

… RiRaRutsch-Lesebilderbücher

Das ganz kleine Gespenst

Benni hat Geburtstag

Heute wird gehext

Wo wohnt der Osterhase?

Luzie reißt aus

Tino auf dem Dino

Wir kriegen ein Baby

Seeräuber Pitt

Lisa im Kindergarten

Winni, der kleine Jndianer